Soy

autismo

Soy

autismo

Soy

autismo

Jimmy Huston

Cosworth Publishing
21545 Yucatan Avenue
Woodland Hills CA USA
91364
www.cosworthpublishing.com

Para más información sobre este consentimiento,
escríbanos a office@cosworthpublishing.com.

Dedicado

Voy directo al grano.

Sé que soy diferente.

¿Y qué?

No soy tonto.

Hablar puede ser difícil para mí.

Busquemos otra manera.

El contacto visual es estúpido.

Pero lo intentaré.

No me gustan los ruidos fuertes.

Me duelen.

Pienso diferente.

Pero no estoy equivocado.

No estoy enfadado contigo.

Estoy frustrado.

No me toques.

Mi piel es más sensible que la tuya.

Me duele.

Déjame en paz.

Me interesa otra cosa.

No te sorprendas cuando te sorprenda.

Tal vez no tenga nada que decir.

Estoy pensando.

Me calmaré.

Regañarme no ayuda.

Puedo ser feliz sin sonreír.

Mi mente está acelerada.

No lo empeores.

Puede que tengas razón.

Pero yo también.

Pienso diferente.

Pero no estoy equivocado.

Si eres tan normal, ¿por qué no puedes entenderlo?

Estoy pensando.

Déjame en paz.

Soy un buen trabajador.

Sólo dame el trabajo adecuado.

No lo entiendo.

¿Puedes decírmelo en una manera diferente?

Tengo una idea.

.

Déjame pensar.

Cuando te burlas de mí,

me duele.

Por favor, no lo hagas.

Tu manera no es la única.

Probemos la mía.

Te entiendo.

Sólo que no sé por qué es importante.

No me gustan los abrazos.

No son la única forma de demostrar que te quiero.

Sí, quiero una familia algún día.

Dímelo antes de que tengamos que irnos.

Dame tiempo para prepararme.

Puedes usar mi interés especial para enseñarme cosas.

No es mi intención ser grosero.

Es que no lo entiendo.

Sé cuando te estás riendo de mí.

Lamento mi temperamento.

Algunas cosas son difíciles para mí.

El autismo no es una maldición.

Es una oportunidad.

Pero no estoy equivocado.

Pienso diferente.

34

Sé que te gusta cuando sonrío.

Pero no sé por qué.

Compartimos algunas partes del mundo.

Pero no todas las partes.

Algunas cosas me fascinan.

Déjame estar con ellas.

A veces simplemente no me importa.

Vuelve a intentarlo más tarde.

Mi interés especial puede llevarme a un gran
trabajo.

¿Contacto visual?

¿Y una sonrisa?

Demasiado.

Prefiero estar donde estoy
que donde quieres que vaya.

No me gustan los cambios.

No más cambios, por favor.

Ni siquiera pases página.

A veces no hay término medio.

¿Estoy siendo grosero?

Mis sentimientos no se ven en mi cara.

Pero los tengo.

Algunas cosas son muy, muy interesantes para mí.

Otras no.

Puedo ser...

...ingeniero.

...profesor.

...artista.

...soldado.

...inventor.

...padre.

...músico.

...agricultor.

...poeta.

...mecánico.

...cualquier cosa que quiera ser.

Gracias por tu ayuda.

Lo conseguiré.

Fin.

Otros libros por Jimmy Huston

El libro detesto leer

...y odio las matemáticas 2:
¿Quién las necesita?

El manual del disléxico:
Edición genius

El libro de cocina sobre el trastorno de déficit de atención e hiperactividad:
Edición rompecabezas

Autismo para principiantes:
Surfeando el espectro

El libro divertido sobre el TOC:
¿de verdad?

¡GROSERÍAS para NIÑOS!:
Etiqueta para los profanos

La primera disculpa es la peor:
Acabemos de una vez

El asombroso, estupendo, extraordinario y also inusual LIBRO GIRATORIO:
No necesita pilas

¿Es tu primer funeral?:
Un manual para niños

¿Por qué mi mamá no puede pasar más tiempo conmigo?

Soy autismo Soy autismo Soy autismo

El primer manual del bebé
Cómo ser el centro del universo

Locos, nerds y sabios:
Neurodiversidad y creatividad

Cómo escribir este libro:
Y tú serás el autor

La prueba de la serpiente:
¿Verdadero? ¿Falso? Tal vez.

¡Ese extraño angelito!

www.byjimmyhuston.com
www.cosworthpublishing.com

Books in English by Jimmy Huston

The I Hate to Read Book

...and I Hate Math 2: Who Needs It?

Nate-Nate the Christmas Snake

The Dyslexic Handbook: Genius Edition

Cussing for Kids!: Etiquette for the Profane

The Attention Deficit Disorder Hyperactive Cookbook: Puzzle Edition

The OCD Funbook: Really?

Autism for Beginners: Surfing the Spectrum

Nuts, Nerds, & Savants: Neurodiversity & Creativity

I Am Autism I Am Autism I Am Autism

The Bedtime Book of Bad Dreams: Dozing Dangerously

Baby's First Instruction Manual: How To Be the Center of the Universe

Rat BLEEP and Alien Poop: Not for Parents at All

How to Write This Book: You're Going to Be the Author

The Big Beautiful Book of Burping, Belching, and Barfing

The Book Book: Inside the Inside Story

Why Can't Mommy Spend More Time with Me?

The Amazing, Stupendous, Extraordinary, and Somewhat Unusual SPINNING BOOK: No Batteries Required

That Strange Little Angel

The Snake Test: True? False? Maybe?

Is This Your First Funeral?: A Child's Primer

Don't Go to College, Go to Europe for Less

Dead Is the New Sick: An Insider's Guide to Senility, Paranoia, and Curmudgery

The First Apology Is the Worst: Let's Get It Over With

It's Not Easy Being MISTER Ladybug

www.byjimmyhuston.com
www.cosworthpublishing.com